EDIT DV ROY,

PORTANT CREATION

d'vn Conseiller honoraire en chacun Bailliage, Seneschauſ-
fée & Siege Presidial.

Auril 1696.

Verifié en Parlement, Chambre des Comptes,
& Cour des Aydes,

A PARIS,

Par P. METTAYER, A. ESTIENE, & P. ROCOLET,
Imprimeurs ordinaires du Roy.

M. DC. XXXVI.

Auec Priuilege de ſa Majeſté.

LOVIS par la gra-
ce de Dieu, Roy
de France & de
Nauarre, A tous
presens & à venir,
Salut. Côme ainsi
soit que les Roys nos Predecef-
feurs voulans pouruoir à l'ad-
ministration de la justice de nostre Royaume, auec les précau-
tions necessaires, non seulement
de l'integrité des Iuges, mais
aussi de leur intelligence au fait
d'icelle, par la cognoissance des
loix ciuiles, canoniques, & des

coûtumes des lieux; Ayēt ordõ-
né & ait esté jusqu'à presēt ob-
serué que ceux qui seroiēt pourueus des Offices de judicature,
tant en nos Cours Souueraines
qu'ē nos Presidiaux, & autres ju-
stices inferieures, seroient graduez & examinez sur la loy, de-
meurās par ce moyen tous autres nõ graduez excluds desdi-
tes charges : quoy que sans co-
gnoissāce des loix ils puissēt par
leurs bons sens & experiēce aux
affaires, s'interposer aussi vtile-
ment au jugement des procez,
que pourroient faire les graduez. Dont ayās recognu, com-
bien il importe de donner ému-
lation à toutes conditions de

personnes, de s'induſtrier & ſe rendre capables d'eſtre employez pour le biē public & de noſtre ſeruice, en les y conuiant par des marques & tiltres honorables qui les y encouragēt: Et que pour diuerſes occurrences de noſtre ſeruice, il nous importe grandement, d'admettre eſdites charges, en nos Preſidiaux & autres juſtices inferieures, des perſonnes de bon ſens, quoy que non lettrez ny graduez: A CES CAVSES, apres auoir mis cette affaire en déliberation en noſtre Conſeil, où eſtoient noſtre tres-cher & vnique Frere le Duc d'Orleans, les Princes de noſtre Sang, &

A iij

autres grands & notables per-
sõnages; DE L'ADVIS d'iceux,
& de nostre certaine science,
plaine puissance & authorité
Royale, Nous auons par cettuy nostre present Edit perpe-
tuel & irreuocable, crée & éri-
gé, créons & érigeons en tiltre
d'Office formé & hereditaire,
en chacun des Bailliages, Senes-
chaussées & Sieges Presidiaux de
cettuy nostre Royaume, vn Office de nostre Conseiller honoraire, pour y estre dés à present par nous pouruue de personnes de probité requise, soiët
Ecclesiastiques, Nobles, ou
autres graduez ou non graduez, Pour les exercer par eux,

leurs succeſſeurs, ou ayans cauſe, meſmes pour en jouyr par
leurs vefues & heritiers audit
tiltre d'heredité, sãs qu'ils puiſ-
ſēt eſtre tenus, ny reputez doma-
niaux ny ſujets à reuente, pour
quelque cauſe & occaſió que ce
ſoit, & aux meſmes honneurs,
authoritez, prérogatiuesque les
autres Conſeillers deſdits Sieges & Iuriſdictions où ils ſerõt
eſtablis, auec voix déliberatiue
tant és Audiēces, Chambres du
Conſeil, en toutes cauſes tant
ciuiles que criminelles, & en
toutes aſſemblées publiques,
meſmes és Hoſtels de Ville, &
ailleurs où leſdits Officiers de
Iuſtice pourroient eſtre appel-

lez : Et auront leur rang &
séance immediatemēt apres les
quatre anciens desdits Sieges ,
soit en habit lōg ou court, auec
l'espée au coste ou sans icelle,
selon la profession & qualité
des pourueus desdits Offices,
sans toutefois qu'ils puissent
participer aux espices , ny autres émolumens des procez
auec lesdits autres Conseillers.
Et pour leur donner moyen &
les conuier de vacquer à leur
charge auec honneur & digni-
té, Nous leur auons attribué &
attribuons à chacun d'eux an-
nuellement, les gages qui serōt
arrestez en nostre Conseil: Les-
quels gages neantmoins , ne

pour-

pourront exceder enſemble, la
ſomme de quarente mil liures
par an, dont nous en auons aſſi-
gné trente mil liures ſur nos
Gabelles, & dix mil liures ſur
nos receptes generales, pour en
eſtre le fonds d'iceux mis chacun an, à commencer au pre-
mier jour du preſent mois d'A-
uril, entre les mains des Rece-
ueurs & Payeurs des gages des
Officiers de nos Preſidiaux, ſur
leurs ſimples quittances, & par
eux payez de quartier en quartier auſdits Conſeillers honoraires, qui ſeront eſtablis eſdits
Bailliages, Seneſchauſſées &
Sieges Preſidiaux. Leſquels Cõ-
ſeillers nous auons en outre dé-

chargez & exemptez , déchar-
geons & exemptons de toutes
Tailles, Taillon, Creües , & autres leuées de deniers ; De la-
quelle exemption ils jouyront
pour tous les biens à eux appar-
tenans. VOVLONS en outre,
que toutes personnes de quelque qualité qu'ils soiët, soit Ecclesiastiques ou Seculiers , Nobles ou autres, puissent posseder
& exercer lesdits Offices de Cõseillers honoraires : A la recep-
tion & instalation desquels, se-
ra procedé par les Iuges Presidiaux de chacun ressort : ou à
leur refus ou delay , par le pre-
mier de nos Maistres des Re-
questes , & autres de nos Iuges
trouuez sur les lieux: Ausquels,

& à chacun d'eux mandons &
enjoignons de le faire, apres
deuë information par eux prise
des bonne vie, mœurs & Reli-
gion Catholique, Apostolique
& Romaine desdits pourueus,
sans qu'ils soient obligez à au-
cun autre examen. SI DON-
NONS EN MANDEMENT à
nos amez & feaux Cõseillers les
Gens tenãs nos Cours de Parlemẽt, Chãbre des Cõptes & Cour
des Aydes à Paris, & autres qu'il
appartiendra, que nostre pre-
sẽt Edit ils facẽt lire, publier &
enregistrer, & le cõtenu en iceluy garder & obseruer de point
en point selon sa forme & te-
neur, sans souffrir qu'il y soit

B ij

fait ou contreuenu en aucune
sorte & maniere que ce soit:
CAR tel est nostre plaisir, non-
obstant oppositions ou appel-
lations quelconques , & tous
Edits, Ordonnances, Reglemēs,
vsances & priuileges à ce con-
traires, ausquels & aux dérogatoires des dérogatoires y con-
tenuës , nous auons dérogé &
dérogeons, sauf en autre chose
nôtre droit, & l'autruy en toutes. Et afin que ce soit chose fer-
me & stable à toûjours , nous
auons fait mettre nostre séel à
cesdites presētes. Et pource que
d'icelles l'on pourroit auoir affaire en plusieurs & diuers lieux,
nous voulons qu'aux vidimus

d'icelles deuëment collation-
tionnées par l'vn de nos amez
& feaux Confeillers & Secre-
taires, foy foit adjoûtée comme
à l'original. Donné à Paris au
mois d'Auril, l'an de grace mil
fix cens trente-cinq. Et de no-
ftre regne le vingt-cinquiéme.
Signé, LOVIS. Et plus bas, Par
le Roy, DE LOMENIE. A co-
fté, vifa. Et féellées fur fimple
queuë du grãd féau de cire ver-
te, fur lacs de foye rouge & ver-
te. Et encor eft écrit :

Leu, publié & regiftré, ouy ce re-
querant, & confentant le Procu-
reur General, & que copie colla-
tionnée à l'original d'iceluy, en-

uoyée aux Bailliages & Senef-
chauſſées de ce reſſort, pour y eſtre
pareillement leu, publié, enregiſtré,
& executé ſelon ſa forme & te-
neur: à la charge que les deniers en
prouenans, ſeront employeƵ au
payemẽt des gens de guerre, à peine
du quatruple contre les Ordon-
nateurs & parties prenantes. A
Paris en Parlemẽt, le Roy y ſéant,
le vingtiéme jour de Decembre, mil
ſix cens trente-cinq.

Signé,   DV TILLET.

Leu, publié & regiſtré en la
Chambre des Comptes, ouy le Procureur General du Roy, par Monſieur le Duc d'Orleans, Frere vnique de ſa Majeſté, venu exprés en
ladite Chambre, aſſiſté du Sieur

Mareſchal d'Eſtrée, & des Sieurs
Aubery & Colmoulins, Conſeillers de ſadite Majeſté en ſes Con-
ſeils, le vingtiéme jour de Decembre, mil ſix cens trente-cinq.

    Signé,   GOBELIN.

    Leu, publié & regiſtré par le
commandement du Roy, porté
par Monſieur Frere unique de
ſa Majeſté, Duc d'Orleans, aſſiſté du Sieur d'Eſtrée, Mareſchal
de France, & des Sieurs Aubery
& Colmoulins, Conſeillers en ſon
Conſeil d'Eſtat, Ouy & ce reque-
rant ſon Procureur General, A
Paris, en la Cour des Aydes, les
Chambres aſſemblées le 20. jour
de Decembre 1635.

    Signé,   BOVCHER.

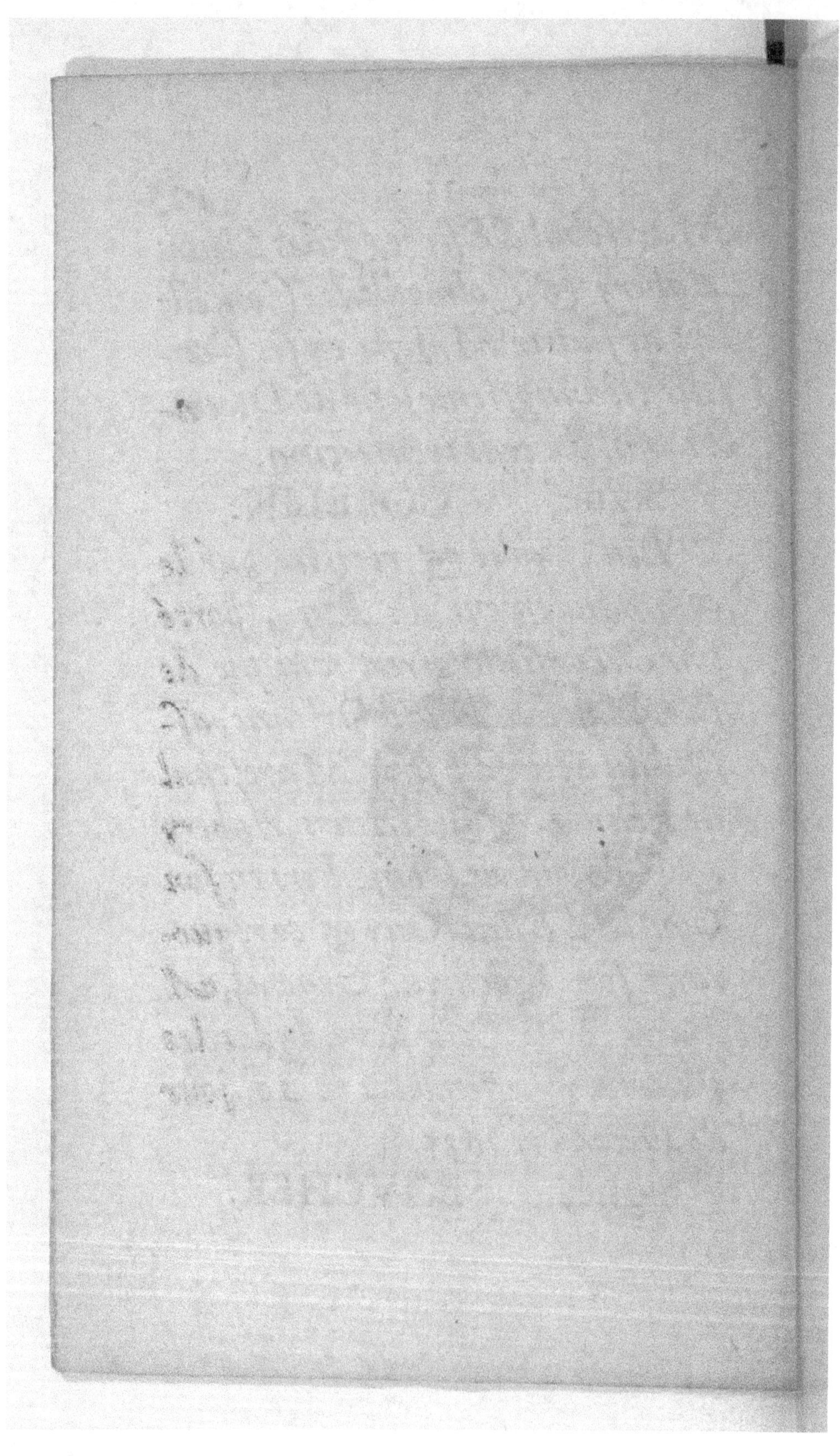